BEI GRIN MACHT SICH IHR WISSEN BEZAHLT

AF168045

- Wir veröffentlichen Ihre Hausarbeit,
  Bachelor- und Masterarbeit

- Ihr eigenes eBook und Buch -
  weltweit in allen wichtigen Shops

- Verdienen Sie an jedem Verkauf

Jetzt bei www.GRIN.com hochladen
und kostenlos publizieren

Bibliografische Information der Deutschen Nationalbibliothek:

Die Deutsche Bibliothek verzeichnet diese Publikation in der Deutschen National-bibliografie; detaillierte bibliografische Daten sind im Internet über http://dnb.d-nb.de/ abrufbar.

Impressum:

Copyright © 2020 GRIN Verlag
Druck und Bindung: Books on Demand GmbH, Norderstedt Germany
ISBN: 9783346206640

uch bei GRIN:

w.grin.com/document/909053

Elias Kordt

Die politische 68er-Bewegung in Deutschland. Beweggründe, Ziele und Methoden

GRIN Verlag

GRIN - Your knowledge has value

Der GRIN Verlag publiziert seit 1998 wissenschaftliche Arbeiten von Studenten, Hochschullehrern und anderen Akademikern als eBook und gedrucktes Buch. Die Verlagswebsite www.grin.com ist die ideale Plattform zur Veröffentlichung von Hausarbeiten, Abschlussarbeiten, wissenschaftlichen Aufsätzen, Dissertationen und Fachbüchern.

Besuchen Sie uns im Internet:

http://www.grin.com/

http://www.facebook.com/grincom

http://www.twitter.com/grin_com

Schuljahr 2019/2020

Facharbeit

Beweggründe, Ziele und Methoden der politischen 68er-Bewegung in Deutschland

Fach: Geschichte

1. Einleitung

"1968 war nicht das Jahr, das alles verändert hat (...). Aber nach '68' war fast nichts mehr so wie vorher."[1]

Dieses Zitat des Historikers Norbert Frei beschreibt anschaulich die Relevanz der 68er-Bewegung für die gesellschaftspolitische Entwicklung in Deutschland.

Die vorliegende Facharbeit beantwortet die Frage: Was waren die Beweggründe, Ziele und Methoden der 68er-Bewegung in Deutschland, und was kann gegebenenfalls für gesellschaftspolitisch dringend gebotene umfassende Veränderungen heute noch aus den damaligen Geschehnissen gelernt werden?

Im Folgenden sollen daher zunächst die Motivationen und Intentionen der politischen 68er-Bewegung in Deutschland benannt und erläutert werden. Dabei liegt der Schwerpunkt der Arbeit nicht auf den diversen systemsprengenden Zielen des SDS[2] und anderer neomarxistischer Gruppierungen (diese werden hier nur gestreift), sondern auf den gesellschaftspolitischen reformatorischen Zielen der breiten Außerparlamentarischen Bewegung. Nach der Behandlung der Ziele wird kurz dargelegt, welche Methoden die revoltierenden Studenten in den 1960er Jahren nutzten und wie erfolgreich sie mit diesen waren. Zum Schluss soll die Frage beantwortet werden, was wir heute noch von den Methoden und Herangehensweisen der damaligen Studentinnen und Studenten lernen können.

2. Hauptteil

2.1 Begriffsdefinition

Die 68er Jahre sind für die meisten Menschen ein bekannter Begriff. Die Namen sind dabei vielfältig: "Studentenbewegung", "Jugendrebellion", "Generationenrevolte", "Sozialprotest", "Lebensstilreform" und "Kulturrevolution".[3] Sie beschreiben die Protestbewegung von Studenten in den 1960er Jahren. Der Protest begann in den USA mit Demonstrationen

---

[1]Frei, Norbert: 1968: Jugendrevolte und globaler Protest, 2. Aufl., München, Deutschland: dtv, 2017, S. 228
[2]Sozialistischer Deutscher Studentenbund, zielte auf die Abschaffung von parlamentarischer Demokratie und Kapitalismus zugunsten eines wie auch immer gearteten demokratischen Sozialismus
[3]Vgl. Frei (2008), S. 210

gegen den Vietnamkrieg.[4] In Deutschland begannen die Massenproteste bereits 1963 mit den ersten großen Ostermärschen für Abrüstung[5] und fanden 1967/1968 ihren Höhepunkt. Ausgehend von den USA fanden bald in fast allen westlich orientierten Ländern Proteste, organisiert von Studentinnen und Studenten, statt.

"Es ging um nichts Geringeres als um eine bessere Welt."[6]

Der Begriff "68er-Bewegung" bezieht sich nicht nur auf das Jahr 1968 und auch nicht auf ein einzelnes Land. "68" ist eine Zeitepoche des Protests.

"Paris, Berlin, Frankfurt, New York, Berkeley, Rom, Prag, Rio, Mexico City, Warschau - das waren die Stätten einer Revolte, die um den gesamten Erdball ging, und Herzen und Träume einer ganzen Generation eroberte"[7]

Im Folgenden wird - im Sinne des oben genannten Schwerpunkts dieser Arbeit - unter dem Begriff "die 68er" jedoch nur der bundesrepublikanisch-deutsche Teil dieser Bewegung und Epoche verstanden.

2.2 Einordnung in den politischen Kontext

Zum Verständnis der Motivationen und Intentionen der Studentenbewegung ist eine Einordnung in den politischen Kontext unerlässlich. Die wichtigsten politischen Umstände, die zu der Studentenbewegung in den 60er Jahren beigetragen haben, sind:

1. mangelnde Entnazifizierung (Viele ehemalige Nationalsozialisten waren immer noch in wichtigen Positionen)

2. große Koalition ohne nennenswerte Opposition[8] (1966: SPD & CDU bildeten mit 450 Abgeordneten die Regierungsfraktionen, die FDP mit nur 49 Abgeordneten die Opposition)

3. strikte Verhaltensregeln, autoritäre Mentalitätsstrukturen [9], mangelnde Gleichberechtigung, unterdrückte Sexualität und Freiheitseinschränkung

4. schneller wirtschaftlicher und technischer Aufschwung

5. atomares Aufrüsten und Ost-West Konflikt/Vietnamkrieg als Stellvertreterkrieg

---

[4]Vgl. Schneider, Gerd Christiane, Toyka-Seid: Studentenbewegung | bpb, in: bpb.de, 23.05.2013, [online] https://www.bpb.de/nachschlagen/lexika/das-junge-politik-lexikon/161667/studentenbewegung [14.04.2020]

[5]Vgl. Dutschke, Rudi / Gretchen Dutschke: Jeder hat sein Leben ganz zu leben: die Tagebücher 1963-1979, Köln, Deutschland: Kiepenheuer & Witsch, 2003, S. 408

[6]Frei (2008), S. 216

[7]Vgl. Bundeszentrale für politische Bildung: 68 international | bpb, in: bpb.de, [online] https://www.bpb.de/geschichte/deutsche-geschichte/68er-bewegung/51973/68-international [14.04.2020]. : Interview mit Daniel Cohn-Bendit (bekannter 68er Aktivist in Europa)

[8]Vgl. Esser, Brigitte / Michael Venhoff: Chronik der Deutschen, 3. Aufl., München, Deutschland: Chronik Verlag, 1996, S. 1039

[9]Vgl. Kleinert, Hubert: Mythos 1968, in: Aus Politik und Zeitgeschichte, Nr. 14–15, 2008, S. 10

6. Einführung von Notstandsgesetzen

Aus diesem Politischen Kontext bildeten sich die Intentionen und Motivationen der Studentenrevolte als Abwehrreaktion auf autoritäre Strukturen vor allem in Familie, Schule und Universität, auf Verletzung von Menschenrechten (Vietnam) und auf eine als materialistisch und spießig empfundene Lebenseinstellung.

2.3 Beweggründe und Ziele

Die grundlegenden Ziele der Studenten in Deutschland waren Emanzipation, Partizipation und Transparenz.[10] Zudem waren der Schutz von Menschenrechten und Demokratie sowie die Bewahrung bzw. Schaffung von Frieden wichtige Ziele. Niemand sollte unterdrückt oder benachteiligt werden, und jeder sollte das Recht und die Möglichkeit haben, mitzubestimmen und mit zu entscheiden. Zudem ging es um persönliche Entfaltung und Selbstverwirklichung. Auf einmal eröffneten sich Möglichkeiten der individuellen Freiheit und Freizügigkeit.[11]

2.3.1 Große Koalition und APO

Nach dem Rücktritt Ludwig Erhards am 30. November 1966 und dem daraus resultierenden Regierungswechsel gab es im Parlament der Bundesrepublik Deutschland eine so große Regierungskoalition, dass es keine nennenswerte innerparlamentarische Opposition mehr gab. Das Parlament im Jahre 1966 umfasste, wie bereits in 2.2 erwähnt, 499 Sitze. Davon waren etwa 90,2% Sitze der CDU & SPD (Große Koalition) und nur ca. 9,8% der Sitze gingen an die FDP (Opposition).[12] Deshalb rief Rudi Dutschke[13] am 10. Dezember 1966 dazu auf, eine Außerparlamentarische Opposition (APO) zu bilden.[14] Das Ziel der Bildung einer Außerparlamentarischen Opposition war die Sicherung der Demokratie und das Sicherstellen von ausgeglichenen Machtverhältnissen.[15]

---

[10]Vgl. Frei (2008), S. 216
[11]Vgl. Bundeszentrale für politische Bildung: „Selbstverwirklichung war tabu" | bpb, in: bpb.de, 16.7.2008, [online] https://www.bpb.de/geschichte/deutsche-geschichte/68er-bewegung/52071/edgar-reitz [15.04.2020].
[12]Vgl. Borowsky, Peter: Große Koalition und Außerparlamentarische Opposition | bpb, in: bpb.de, 13.09.2011, [online] https://www.bpb.de/izpb/10098/grosse-koalition-und-ausserparlamentarische-opposition [15.04.2020].
[13]deutscher marxistischer Soziologe und führender politischer Aktivist des SDS und der deutschen 68er-Bewegung
[14]Vgl. Dutschke (2005), S. 411
[15]Ziel des SDS, der sich als Kern der APO und "Fundamentalopposition" (siehe Kleinert, Hubert ebenda S. 9) verstand, war auch die Überwindung des politischen Systems der Bundesrepublik Deutschland, was hier nicht weiter behandelt werden soll.

"Im Gegensatz zum SDS war die Außerparlamentarische Opposition (APO) eine thematisch und politisch breit gefächerte Protestbewegung, die weit über den SDS und die Universität hinausreichte und eine liberalere, tolerantere, weniger autoritäre Gesellschaft anstrebte, ohne gleich, wie der SDS, die Systemfrage zu stellen."[16]

2.3.2 Hochschulreform

Die Politisierung und Reform der Hochschulen war ein weiteres wichtiges Anliegen der Studentinnen und Studenten in den 60er Jahren. So forderte Rudi Dutschke in seiner Rede bei seinem ersten großen Auftritt (08.09.1966) in Frankfurt:

"Genossinnen! Genossen! Unser Ziel ist die Organisierung der Permanenz der Gegenuniversität als Grundlage der Politisierung der Hochschulen!"[17]

In den Universitäten, die damals stark autoritär geprägt waren, sollten Vergangenheitsbewältigung, mehr Demokratie, Mitbestimmung und die kritische Betrachtung politischer Themen gesichert werden. Zudem forderten die Studenten die Ablösung von ihrer Meinung nach veralteten Traditionen, die der Emanzipation und Aufklärung entgegenstanden. Das größte Konfliktfeld aber lag in der Forderung, die Rolle der eigenen Professorenschaft in der NS-Diktatur aufzuarbeiten.[18]

2.3.3 Entnazifizierung und Vergangenheitsbewältigung

Am Ende des Zweiten Weltkrieges (1945) zielten die vier Siegermächte darauf ab, alle Teile der deutsche Gesellschaft von Einflüssen des Nationalsozialismus zu befreien.[19] Diese Entnazifizierung erwies sich jedoch als schwierig, da viele Stellen in Politik und Verwaltung mit sogenannten "Alt-Nazis" besetzt waren und diese zum Wiederaufbau Deutschlands gebraucht wurden. Viele Lehrer und Professoren waren auch unter dem Nazi-Regime tätig gewesen und verweigerten sich der Auseinandersetzung mit ihrer persönlichen Vergangenheit. Diese Auseinandersetzung hielten die 68er für notwendig, um Demokratie sicherzustellen.

---

[16]Schönbohm, Wulf: Die 68er: politische Verirrungen und gesellschaftliche Veränderungen, in: bpb.de, 19.3.2008, [online] https://www.bpb.de/geschichte/deutsche-geschichte/68er-bewegung/52017/verirrung-und-veraenderung [15.04.2020].

[17]Vgl. Janßen, Karl-Heinz: Neue Linke - Aufbruch in die Sackgasse, in: zeit.de, 09.09.1966, [online] https://www.zeit.de/1966/37/neue-linke-aufbruch-in-die-sackgasse [16.04.2020].

[18]Vgl. Albers, Detlev: Hochschulreformen – 1968, in: 1968.zum.de, 06.02.2006, [online] http://1968.zum.de/wiki/Hochschulreformen [14.04.2020].

[19]Vgl. Wikipedia: Entnazifizierung, in: wikipedia.de, 11.05.2020, [online] https://de.wikipedia.org/wiki/Entnazifizierung [15.04.2020].

2.3.4 Notstandsgesetze

Ab 1958 wurde immer wieder von Teilen der Bundesregierung gefordert, Notstandsgesetze[20] einzuführen. Jedoch führten solche Gesetze 1933 zum Aufstieg des Dritten Reiches. Deshalb gab es viele Kritiker, die eine Demokratiegefährdung in jenen Gesetzen sahen. Bereits 1960/1961 erhoben Gewerkschaften ihre Stimmen gegen Notstandsgesetze, da sie befürchteten, die dazu notwendigen Änderungen des Grundgesetzes könnten zur Einschränkung des Streikrechtes genutzt werden.[21] Auch die Studentenbewegung sah eine starke Gefährdung der Demokratie in den Notstandsgesetzen und demonstrierte dagegen. Am 11. Mai 1968 beteiligten sich in Bonn über 40.000 Menschen an einer Demonstration gegen die geplanten Notstandsgesetze.[22] Dennoch wurden diese am 30. Mai 1968 vom Bundestag der Bundesrepublik Deutschland beschlossen.[23] Der Protest gegen diese Gesetze zielte ebenso wie die Vergangenheitsbewältigung auf die Verteidigung der Demokratie ab.

2.3.4 Friedensbewegung und Ost-West Konflikt

Bereits unmittelbar nach dem Zweiten Weltkrieg gab es Stimmen, die sich gegen den Einsatz von nuklearen Waffen und das damit verbundene atomare Aufrüsten aussprachen.[24] 1960 fand in Deutschland der erste Ostermarsch statt, an dessen Abschlusskundgebung etwa 1.000 Personen teilnahmen. Dieser läutete eine neue Bewegung ein, an der sich viele Studenten beteiligten.

"Kubakrise und Ost-West-Konflikt schüren in den 60er-Jahren die Angst vor einem atomaren Weltkrieg und lassen die Ostermärsche zu einer Massenbewegung anwachsen."[25]

---

[20]Notstandsgesetze waren Grundgesetzänderungen und fügten eine Notstandsverfassung ein, welche die Handlungsfähigkeit des Staates in Krisensituationen (Naturkatastrophe, Aufstand, Krieg) sichern sollte
[21]Vgl. Frei (2008), S. 95
[22]Vgl. Bundeszentrale für politische Bildung: Notstandsgesetze: Testfall für die Demokratie | bpb, in: bpb.de, 29.05.2018, [online] https://www.bpb.de/politik/hintergrund-aktuell/269874/notstandsgesetze [17.04.2020].
[23]Vgl. Schmid, Sandra: Deutscher Bundestag - Vor 45 Jahren: Bundestag beschließt Notstandsgesetze, in: Deutscher Bundestag, 28.05.2013, [online] https://www.bundestag.de/dokumente/textarchiv/2013/45021549_kw22_kalenderblatt_notstandsgesetze-212564 [16.04.2020].
[24]Vgl. Geschichte der Anti-Atom-Bewegung| Atomwaffen A-Z: in: atomwaffena-z.info, [online] https://www.atomwaffena-z.info/initiativen/geschichte-der-anti-atom-bewegung [16.04.2020].
[25]Schütt, Peter: Audio: Der erste deutsche Ostermarsch, in: ndr, 18.04.1995, [online] https://www.ndr.de/geschichte/chronologie/Vor-60-Jahren-Der-erste-Ostermarsch-in-Deutschland,ostermarsch2 [17.04.2020].

1968 erreicht die Ostermarsch-Bewegung in Deutschland ihren Höhepunkt mit 300.000 teilnehmenden Menschen an den Kundgebungen.

Der Vietnamkrieg gilt als erster "Fernsehkrieg" (Krieg, der durch die Medien übertragen wurde) und ließ unter anderem deshalb eine große Antikriegsbewegung entstehen. Die USA schaltete sich mehr und mehr in den Krieg ein. Für die studentischen Protestbewegungen galten der Vietnamkrieg und die Kriegsführung der USA als Beweis für den *"Verrat aller humanitären Ideale durch die westlichen Kriegsparteien."*[26] Diese Entwicklung förderte einen radikalen Anti-Amerikanismus, welcher im Gegensatz zur Dankbarkeit der älteren Generation gegenüber Amerika stand.[27] Ziele waren also Frieden, Gerechtigkeit und Wahrung der Menschenrechte weltweit.[28]

2.3.6 Sexuelle Befreiung und Geschlechtergleichberechtigung

"Wer zweimal mit der selben pennt, gehört schon zum Establishment" ist ein bekannter Spruch der 68er, der auf die Befreiung von sexuellen Normen zielte. Zugleich entlarvte er das mangelnde Bewusstsein der männlichen Führer der Studentenbewegung in Bezug auf Gleichstellung der Geschlechter. Jedoch bot die selbstbewusste Frauenbewegung bald eine passende Antwort: *"Eine Frau ohne Mann ist wie ein Fisch ohne Fahrrad."*[29] Die Ziele der neuen Frauenbewegung waren unter anderem die Freigabe der Anti-Baby-Pille (Verhütungsmittel), gleicher Lohn für gleiche Arbeit und die Abschaffung des Paragraphen 218, der Abtreibung verbot und unter Strafe stellte. Anfangs identifizierte sich die Frauenbewegung noch mit den Zielen und Protestformen der 68er-Bewegung, doch bald suchte sie ihren eigenen Weg und strebte Unabhängigkeit an.[30] Gemeinsames Ziel blieb die Liberalisierung der Vorstellung von Partnerschaft und Sexualmoral.

2.3.5 Wirtschaftspolitische Ziele

Da der Aufschwung des sogenannten Wirtschaftswunders in den 50er Jahren dazu geführt hatte, dass Not und Elend der unmittelbaren Nachkriegsjahre durch Wohlstand abgelöst

---

[26]Bundeszentrale für politische Bildung: Glossar, in: bpb.de, 24.1.2008, [online]
  https://www.bpb.de/geschichte/deutsche-geschichte/68er-bewegung/52107/glossar?p=2 [16.04.2020].
[27]Die Dankbarkeit bezog sich auf den Marshallplan und die Luftbrücke für Berlin siehe dazu auch: Vgl. Schönbohm,
  Wulf: Die 68er: Verirrungen und Veränderungen, in: Aus Politik und Zeitgeschichte, Jg. 2008, Nr. 14–15, 2008, S. 17
[28]Dass nicht mit der gleichen Vehemenz gegen die Menschenrechtsverletzungen von Ho Chi Minh, Castro und Mao
  demonstriert wurde, lässt auf eine Sympathie gegenüber kommunistischen und sozialistischen
  Gesellschaftssystemen schließen (siehe Schönbohm S. 21).
[29]Frei (2008), S. 136
[30]Vgl. Schulz, Kristina: Ohne Frauen keine Revolution, in: bpb.de, 6.3.2008, [online]
  https://www.bpb.de/geschichte/deutsche-geschichte/68er-bewegung/51859/frauen-und-68 [17.04.2020].

wurden, standen postmaterielle Bedürfnisse und Ziele im Vordergrund.[31] Da der SDS als ideologischer Kern der APO über die wirtschaftspolitische Zielsetzung zerstritten war, gab es keine klaren wirtschaftspolitischen Ziele. Am ehesten lassen sich noch nennen: Gemeineigentum, demokratische Planwirtschaft und Abschaffung der Ausbeutung von Arbeitern.[32]

2.3.6 Springer-Verlag und Medien

Ein großer Kritikpunkt war die *"bürgerliche und kapitalistische"*[33] Einstellung von einigen Medien, vor allem des Springer-Verlags, der in der "Bild" immer wieder negativ über die Studentenbewegung berichtete. Die "Bild" wurde für das Attentat auf Rudi Dutschke am 11. April 1968 von den Studierenden maßgeblich verantwortlich gemacht, da ihrer Meinung nach die "Bild" massiv gegen die Studenten gehetzt hatte. Ein populärer Slogan der Studenten war zu dieser Zeit *"Enteignet Springer".*[34] Sie nahmen eine zunehmende Monopolisierung und Abhängigkeit der Presse von wirtschaftlichen Einflüssen sowie eine Manipulation durch die Presse wahr.[35] Ziel war es daher, die Medien als Instrument zur Aufklärung zu nutzen. So protestierten die Studenten nicht nur gegen die Medien, sondern nutzten diese auch als gezieltes Mittel um die breite Öffentlichkeit zu mobilisieren.

2.4 Methoden und Protestformen

Die Methoden der 68er-Bewegung waren vielfältig, kreativ und völlig neu.

"Antiautoritärer Protest, das wurde plötzlich deutlich, ließ sich originell verpacken."[36] Ein riskanter satirischer Plan war beispielsweise die Idee des sogenannten Pudding-Attentats[37] auf den amerikanischen Vizepräsidenten Hubert Humphrey Anfang April 1967 (*"Spaßguerilla"*[38]). Das Beschreiten neuer Wege in Kunst und Musik waren ebenfalls Prozesse, die intensiv und lange wirkten.[39] Auch stumme Protestformen wie das Brechen mit Traditionen, waren Wege der Studenten so z.B. Langhaarfrisuren von Männern oder die

---

[31]Vgl. Schönbohm (2008), S. 18
[32]Vgl. Schönbohm (2008), S. 20
[33]Fahlenbrach, Kathrin: Zwischen Faszination, Grauen und Vereinnahmung, in: bpb.de, 6.2.2008, [online] https://www.bpb.de/geschichte/deutsche-geschichte/68er-bewegung/51830/68-und-die-medien [16.04.2020].
[34]Vgl. Frei (2008), S. 116
[35]Vgl. Düspol, Andreas: 1968 - Medienwandel und Protestkultur, in: Flashes of the Future: Die Kunst der 68er oder die Macht der Ohnmächtigen, 2. Aufl., Bonn, Deutschland: Bundeszentrale für politische Bildung, 2018, S. 59
[36]Frei (2008), S. 111
[37]Plan von acht Kommunarden, den Vizepräsidenten Amerikas mit Pudding, Joghurt und Mehl zu bewerfen
[38]Walther, Rudolf: Ein direkter Weg von der Spassguerilla zum Terrorismus?, in: bpb.de, 6.6.2008, [online] https://www.bpb.de/geschichte/deutsche-geschichte/68er-bewegung/51795/spassguerilla-terrorismus [15.04.2020].
[39]Vgl. Düspohl (2018), S. 58

Gründung von Kommunen[40]. Andere neue Protestformen waren Happenings[41] und Sit-Ins[42]. Die Methoden zeichneten sich durch gezielte, zum Teil illegale Provokationen aus (Gewalt gegen Sachen, ziviler Ungehorsam).[43]

3. Fazit

Durch die Untersuchung der Beweggründe, Motivationen, Ziele und Protestformen der 68er, die in dieser Arbeit vorgelegt wird, können auch für die heutige Zeit wichtige Einsichten gewonnen werden. Angesichts der drängendsten Herausforderung der Gegenwart, die Klimaerwärmung schnellstmöglich aufzuhalten, können diese Einsichten gegebenenfalls sehr hilfreich sein. Denn um dieses Ziel zu erreichen, ist meiner Meinung nach eine gesellschaftliche Veränderung nötig, die mindestens genauso tiefgreifend ist, wie die Veränderung in den 68er-Jahren.

3.1 Gesellschaftliche Bewertung der 68er-Jahre

Die in der Arbeit benannten Ziele der 68er werden von verschiedenen Akteuren durchaus unterschiedlich bewertet:

"Kaum ein Phänomen der deutschen Nachkriegsgeschichte ist so umstritten und hat so unterschiedliche Deutungen erfahren. Für die einen bedeutet '1968' 'Freiheitsrevolte', 'Fundamentalliberalisierung der westdeutschen Gesellschaft', für die anderen, 'Karneval', 'Tumult', 'Massenpsychose' und 'linker Faschismus'. Der Deutungskampf um '1968' wird bis heute hoch emotional geführt."[44]

Dabei hängt die jeweilige Bewertung wesentlich auch mit der eigenen politischen Einstellung zusammen. Während wir bei einem Anhänger der Grünen sicherlich davon ausgehen können, dass diese Zeit im Rückblick als sehr wertvoll empfunden wird, so ist es ganz klar, dass beispielsweise die Anhänger der AfD die 68er höchst negativ beurteilen.[45] Aber auch

---

[40]Wohngemeinschaft, die bürgerliche Vorstellungen hinsichtlich Eigentum, Familie, Leistung, Konkurrenz und Moral ablehnt

[41]öffentliche Veranstaltung von Künstlern, die - unter Einbeziehung des Publikums - ein künstlerisches Erlebnis mit überraschender oder schockierender Wirkung vermitteln will

[42]Aktion von Demonstrierenden, bei der sich die Beteiligten demonstrativ irgendwo, besonders in oder vor einem Gebäude, hinsetzten, um auf Missstände aufmerksam zu machen

[43]während Rudi Dutschke als Pazifist und Sozialist Gewalt gegen Menschen verurteilte ging aus Teilen der studentischen Bewegung später die terroristische Rote Armee Fraktion (RAF) hervor, die auch vor Gewalt gegen Personen und Mord nicht zurückschreckte (siehe Schönbohm S.20)

[44]50 Jahre 68er Bewegung: in: politische-bildung.de, [online] https://www.politische-bildung.de/68er-bewegung.html#ihv [18.04.2020].

[45]So beklagt Andreas Kalbitz, damaliges Mitglied des AfD-Bundesvorstands, eine "68er Zersetzung". Siehe Phoenix: Weimar und heute. Die Rückkehr der völkischen Ideologie, ausgestrahlt am 16.04.2020 um 20.15 Uhr

viele nicht extremistische Konservative haben eine negative Einstellung zu den 68ern, da diese beispielsweise Tugenden wie Pünktlichkeit, Ordnung und Höflichkeit relativierten.[46]

3.2 Erreichung der Ziele

Beide Bewertungen, sowohl positive als auch negative, machen deutlich, dass die 68er als sehr bedeutsam wahrgenommen werden, weil sie in der Tat viel bewirkt haben.

> "Honoriert (...) [wird] sein [Rudi Dutschkes] Anstoß, den er ein paar Leuten gab, über Dinge nachzudenken, die als selbstverständlich gelten und die es eben doch nicht sind"[47],

schreibt DER SPIEGEL 1968 und beschreibt damit, dass vor allem ein generelles Umdenken in der Bevölkerung stattgefunden hat.

Während gesellschaftspolitische Ziele, wie Stärkung von Demokratie, Mitbestimmung, Vergangenheitsbewältigung, Bildungsreformen und sexuelle Befreiung in großem Maße erreicht wurden, wurden die systemüberwindenden Ziele, vor allem in der Wirtschaftspolitik, nicht erreicht.

3.3 Kritik

Während also aus meiner Sicht für die Themen Demokratie, Beteiligung und offene Gesellschaft viel erreicht wurde, ist es meines Erachtens auch wichtig, sich kritisch mit der 68er-Bewegung zu befassen, um zu beantworten, was wir heute noch daraus lernen können. So ist zum Beispiel zu fragen, ob ziviler Ungehorsam legitim und zielführend ist. Das Gewaltmonopol des Staates ist meiner Meinung nach ein wichtiges Prinzip der freiheitlichen Grundordnung, und Gesetze müssen beachtet werden. Selbst wenn Gesetzesbrüche in manchen politischen Situationen als legitim angesehen werden können, so werden solche Protestformen doch viele abschrecken, die mit den grundlegenden Zielen sympathisieren, aber solche massiven Protestformen ablehnen. Diese Frage stellt sich zum Beispiel aktuell auch in der Klimaschutzbewegung, vor allem mit Blick auf radikalere Gruppen, wie beispielsweise extinction rebellion, die Gesetzesbrüche nicht ausschließen.[48]

Auch das politische Ziel der Ablösung von sozialer Marktwirtschaft und parlamentarischer Demokratie durch einen demokratischen Sozialismus oder eine Rätedemokratie sehe ich

---

[46]Die kollektiv entspannte Haltung der 68er Generation animierte einen italienischen Möbeldesigner den Sitzsack zu erfinden. Siehe Frei (2008), S. 134

[47]Spiegel (51/1968), S. 66

[48]Vgl. Seidel, Änne / Robin Celikates: Ziviler Ungehorsam - Extinction Rebellion „auf jeden Fall legitim", in: Deutschlandfunk, 09.10.2019, [online] https://www.deutschlandfunk.de/ziviler-ungehorsam-extinction-rebellion-auf-jeden-fall.691.de.html?dram:article_id=460639 [27.05.2020].

kritisch, da sich meiner Meinung nach parlamentarische Demokratie und soziale Marktwirtschaft als flexibel erwiesen und bisher bewährt haben. Zudem neigen revolutionäre Ansätze zu Widerstand und Gewalt, die aus meiner Sicht selten zielführend und oft ungerecht ist. Aus Teilen der Bewegung, die vor allem diese Systemüberwindung ins Zentrum der politischen Aktivitäten stellte, erwuchs später die Terroristengruppe RAF.

3.4 Zusammenfassende Bewertung und weiterführende Fragestellungen

Meiner Meinung nach waren die 68er-Jahre ein Erfolg für Deutschland, aber vor allem eine Lehre. Wir haben gelernt, was es heißt, Demokratie zu leben, zu diskutieren und zu protestieren. Die Hälfte aller rund 300.000 in Deutschland lebenden Studenten schlossen sich damals den Protesten an.[49]

So stellt sich natürlich die Frage, wie es möglich war solch eine große Anzahl an Personen für Demonstrationen und anderes zu mobilisieren. Zudem wäre es interessant herauszufinden, welche Protestform die größte Wirksamkeit erreicht hat. Gegebenenfalls war ja auch der "Marsch durch die Institutionen"[50], der auf die 68er-Bewegung folgte, wesentlich für den Erfolg. Die Beantwortung dieser Fragen wäre sicherlich sehr interessant und ein mögliches Thema für eine andere Arbeit.

Die Rolle der Medien und deren Einfluss auf die Gesellschaft zeigt meiner Ansicht nach sehr gut, dass sich zwar die Themen des gesellschaftlichen Wandels ändern, aber die grundlegenden Muster dieselben bleiben. So ist es heute nötiger denn je, sich bewusst zu machen, welchen gesellschaftlichen Einfluss die neuen, sozialen Medien haben. Was früher in den 68er-Jahren Zeitungen wie die "Bild" waren, sind heute zusätzlich große amerikanische Konzerne wie Facebook, Twitter und Co, die es kritisch zu hinterfragen und klug zu nutzen gilt.

Aber der meiner Meinung nach wichtigste Punkt ist, dass Ziele wie Demokratie, Mitbestimmung und Offenheit der Gesellschaft immer neu erkämpft werden müssen.

---

[49]Vgl. Frei (2008), S. 148

[50]Damit ist hier gemeint, dass die Akteure von damals die Institutionen von innen geändert haben, indem sie z.B. Lehrer, Hochschullehrer, Erzieher, Juristen oder Politiker wurden. Vgl. Marsch durch die Institutionen: in: wikipedia.de, 18.04.2020, [online] https://de.wikipedia.org/wiki/Marsch_durch_die_Institutionen [27.05.2020].

Deshalb komme ich zu dem Schluss, dass jede Generation ein bisschen *"68"* in sich tragen sollte.

4. Literaturverzeichnis

Beitin, Andreas / Eckhart J. Gillen, Ludwig Forum für Internationale Kunst (Hg.): Flashes of the Future: Die Kunst der 68er oder die Macht der Ohnmächtigen, Bonn, Deutschland: Bundeszentrale für politische Bildung, 2018.

Dutschke, Rudi / Gretchen Dutschke: Jeder hat sein Leben ganz zu leben: die Tagebücher 1963-1979, Köln, Deutschland: Kiepenheuer & Witsch, 2003.

Esser, Brigitte (Hg.) / Michael Venhoff (Hg.): Chronik der Deutschen, 3. Aufl., München, Deutschland: Chronik Verlag, 1996.

Frei, Norbert: 1968: Jugendrevolte und globaler Protest, 2. Aufl., München, Deutschland: dtv, 2017.

Kleinert, Hubert: Mythos 1968, in: Aus Politik und Zeitgeschichte, Jg. 2008, Nr. 14–15, 2008, S. 8–15.

Schönbohm, Wulf: Die 68er: Verirrungen und Veränderungen, in: Aus Politik und Zeitgeschichte, Nr. 14–15, 2008, S. 16–21.

Senfprun, Jörgen: Die 68er-Bewegung in Deutschland. Ein kurzer Überblick, Weinheim, Deutschland: Grin Verlag, 2017.

Augstein, Rudolf (Hg.): Stundenten - Der lange Marsch, in: DER SPIEGEL, 51. Aufl., 11.12.1967, S. 52–66.

Internetquellen:

50 Jahre 68er Bewegung: in: politische-bildung.de, https://www.politische-bildung.de/68er-bewegung.html#ihv [18.04.2020].

Albers, Detlev: Hochschulreformen – 1968, in: 1968.zum.de, 06.02.2006, http://1968.zum.de/wiki/Hochschulreformen [14.04.2020].

Borowsky, Peter: Große Koalition und Außerparlamentarische Opposition, in: bpb.de, 13.09.2011, https://www.bpb.de/izpb/10098/grosse-koalition-und-ausserparlamentarische-opposition [15.04.2020].

Bundeszentrale für politische Bildung: 68 international , in: bpb.de, https://www.bpb.de/geschichte/deutsche-geschichte/68er-bewegung/51973/68-international [14.04.2020].

Bundeszentrale für politische Bildung: Glossar , in: bpb.de, 24.1.2008, https://www.bpb.de/geschichte/deutsche-geschichte/68er-bewegung/52107/glossar?p=2 [16.04.2020].

Bundeszentrale für politische Bildung: Notstandsgesetze: Testfall für die Demokratie, in: bpb.de, 29.05.2018, https://www.bpb.de/politik/hintergrund-aktuell/269874/notstandsgesetze [17.04.2020].

Bundeszentrale für politische Bildung: „Selbstverwirklichung war tabu" , in: bpb.de, 16.7.2008, https://www.bpb.de/geschichte/deutsche-geschichte/68er-bewegung/52071/edgar-reitz [15.04.2020].

Fahlenbrach, Kathrin: Zwischen Faszination, Grauen und Vereinnahmung, in: bpb.de, 6.2.2008, https://www.bpb.de/geschichte/deutsche-geschichte/68er-bewegung/51830/68-und-die-medien [16.04.2020].

Geschichte der Anti-Atom-Bewegung| Atomwaffen A-Z: in: atomwaffena-z.info, https://www.atomwaffena-z.info/initiativen/geschichte-der-anti-atom-bewegung [16.04.2020].

Janßen, Karl-Heinz: Neue Linke - Aufbruch in die Sackgasse, in: zeit.de, 09.09.1966, https://www.zeit.de/1966/37/neue-linke-aufbruch-in-die-sackgasse [16.04.2020].

Schmid, Sandra: Deutscher Bundestag - Vor 45 Jahren: Bundestag beschließt Notstandsgesetze, in: Deutscher Bundestag, 28.05.2013, https://www.bundestag.de/dokumente/textarchiv/2013/45021549_kw22_kalenderblatt_notstandsgesetze-212564 [16.04.2020].

Schneider, Gerd/ Christiane Toyka-Seid: Studentenbewegung , in: bpb.de, 23.05.2013, https://www.bpb.de/nachschlagen/lexika/das-junge-politik-lexikon/161667/studentenbewegung [14.04.2020].

Schönbohm, Wulf: Die 68er: politische Verirrungen und gesellschaftliche Veränderungen , in: bpb.de, 19.3.2008, https://www.bpb.de/geschichte/deutsche-geschichte/68er-bewegung/52017/verirrung-und-veraenderung [15.04.2020].

Schulz, Kristina: Ohne Frauen keine Revolution, in: bpb.de, 6.3.2008, https://www.bpb.de/geschichte/deutsche-geschichte/68er-bewegung/51859/frauen-und-68 [17.04.2020].

Schütt, Peter: Audio: Der erste deutsche Ostermarsch, in: ndr, 18.04.1995, https://www.ndr.de/geschichte/chronologie/Vor-60-Jahren-Der-erste-Ostermarsch-in-Deutschland,ostermarsch2 [17.04.2020].

Seidel, Änne / Robin Celikates: Ziviler Ungehorsam - Extinction Rebellion „auf jeden Fall legitim", in: Deutschlandfunk, 09.10.2019, [online] https://www.deutschlandfunk.de/ziviler-ungehorsam-extinction-rebellion-auf-jeden-fall.691.de.html?dram:article_id=460639 [27.05.2020].

Walther, Rudolf: Ein direkter Weg von der Spassguerilla zum Terrorismus?, in: bpb.de, 6.6.2008, https://www.bpb.de/geschichte/deutsche-geschichte/68er-bewegung/51795/spassguerilla-terrorismus [15.04.2020].

Wikipedia: Entnazifizierung, in: wikipedia.de, 11.05.2020, https://de.wikipedia.org/wiki/Entnazifizierung [15.04.2020].

Wikipedia: Marsch durch die Institutionen, in: wikipedia.de, 18.04.2020, https://de.wikipedia.org/wiki/Marsch_durch_die_Institutionen [27.05.2020].

Wikipedia: Westdeutsche Studentenbewegung der 1960er Jahre, in: wikipedia.de, 16.04.2020, [online] https://de.wikipedia.org/wiki/Westdeutsche_Studentenbewegung_der_1960er_Jahre#Sexuelle_Befreiung [14.04.2020].